Thanksgiving Day

A Bilingual Picture Book
English-Italian

Cambridge Bilingual Books

Thanksgiving Day

Giorno del Ringraziamento

Cambridge Bilingual Books

The United States of America
Gli Stati Uniti d'America

The Fall
L'autunno

Wheat
Il grano

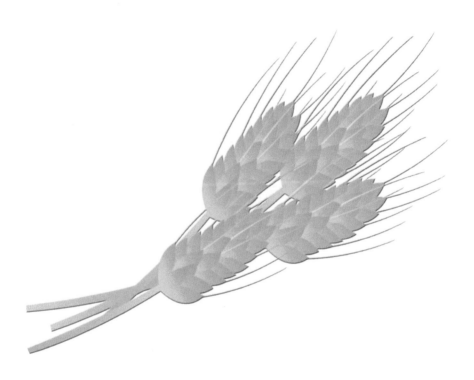

Acorns
Le ghiande

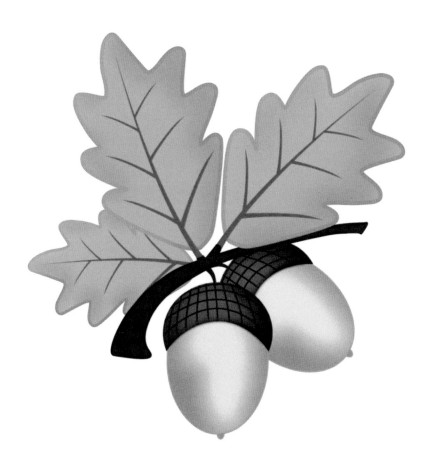

Apple
La mela

Apple Pie
La torta di mele

Corn
Il mais

Cornucopia
La cornucopia

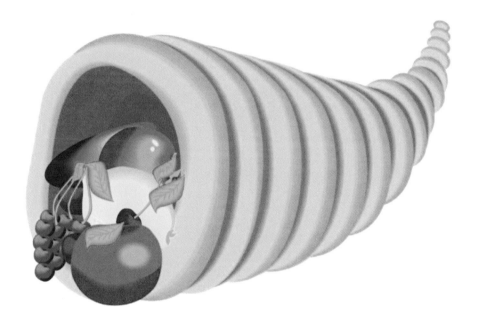

Cranberries
I mirtilli

Potatoes
Le patate

American Indian
Il nativo americano

Pumpkin
La zucca

Pumpkin Pie
La torta di zucca

A Slice of Pumpkin Pie
Una fetta di torta di zucca

Scarecrow
Lo spaventapasseri

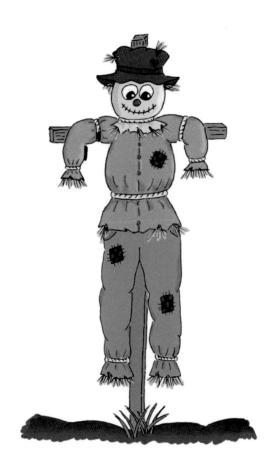

Pilgrim
Il Pellegrino

Turkey
Il tacchino

Sweet Potato
La patata dolce

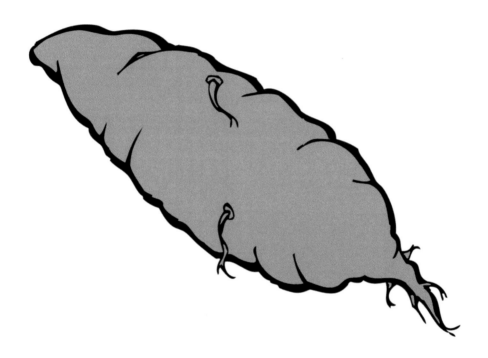

Roast Turkey
Il tacchino arrosto

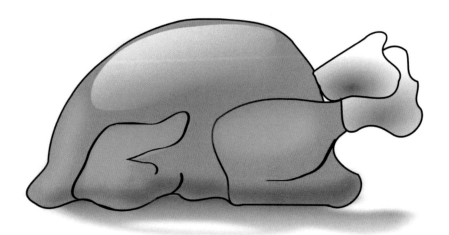

Roast Turkey and Mashed Potato
Il tacchino arrosto e la purea di patate

Thanksgiving Dinner
La cena del ringraziamento

Where is Thanksgiving Day celebrated?

Thanksgiving Day is celebrated in the United States of America.

When is Thanksgiving Day celebrated?

It is celebrated on the fourth Thursday of November.

Which foods are traditionally eaten on Thanksgiving Day?

Traditional foods include roast turkey and pumpkin pie.

Dove è celebrato il Ringraziamento?

Il Ringraziamento è celebrato negli Stati Uniti d'America.

Quando è celebrato il Ringraziamento?

Si celebra il quarto giovedì di novembre.

Quali alimenti sono tradizionalmente consumati durante il Ringraziamento?

I cibi tradizionali includono tacchino arrosto e torta di zucca.

Thanksgiving Day Vocabulary

To eat… Mangiare
To celebrate… Celebrare
To bake… Cuocere
To cook… Cucinare
To share with… Condividere con
Plate… Il piatto
Vegetables… Le verdure
Family… La famiglia
November… Novembre
Harvest… Il raccolto
To be thankful… Per essere grati

For more information on

Cambridge Bilingual Books

Visit

www.cambridgebilingual.com

Made in the USA
Monee, IL
17 November 2020